Inhalt

Branchenreport TOURISMUS Ausgabe 2/2010

GENIOS BranchenWissen Nr. 11/2010 vom 16.11.2010

Branchenreport TOURISMUS Ausgabe 2/2010

I.Zeilhofer-Ficker

Kernthesen

- Der wirtschaftliche Aufschwung ist in allen touristischen Bereichen spürbar.
- Vor allem der Luftverkehr entwickelte durch ansteigende Geschäftsreisetätigkeit in den letzten Monaten eine Dynamik, die niemand erwartet hatte.
- Das Reiseziel Deutschland hat vor allem bei Gästen aus dem Ausland wieder verstärkt Beachtung gefunden.
- Aufgrund der insgesamt positiven Entwicklung sind die Erwartungen an das eben beginnende Reisejahr 2011 hoch, die allerdings von der Ankündigung der

Luftverkehrsabgabe sowie von Bettensteuern in diversen deutschen Städten getrübt werden.

Beitrag

Das Reisejahr 2010

Schon Anfang des Jahres zeichnete sich ab, dass die Konjunktur in Deutschland nach der Krise wieder an Fahrt aufgenommen hat. Besonders die Fluglinien und Flughäfen freuten sich über die spürbare Belebung, vor allem der Geschäftsreisen. Bei den touristischen Buchungen war der Winter 2009/2010 dagegen eher enttäuschend. Generell gab es in Sachen Urlaub auch in diesem Sommer wenig Überraschungen - Familien bleiben dem "All-inklusive-Konzept" treu, buchten aber eher kurzfristig. Und auch der Trend hin zu individuellen, auf die eigenen Bedürfnisse zugeschnittenen Reiseprogrammen hielt weiterhin an und beschied den Bausteinanbietern Zuwächse. (1)

Nach dem schlechten Winter freuten sich vor allem die Reisebüros über ein Umsatzplus von rund sechs Prozent im Sommer 2010, das maßgeblich von der stärkeren Nachfrage nach Fern- und Individualreisen getrieben war. Bei den Urlaubsländern konnte sich wieder einmal die Türkei über wachsende Gästezahlen aus Deutschland freuen. Und auch der Inlandsurlaub blieb vor allem für Familien attraktiv. (1)

Auf der Veranstalterseite lieferten sich weiter die drei Branchengrößen TUI, REWE und Thomas Cook Kämpfe um Marktanteile, die eindeutig von der REWE-Gruppe gewonnen wurden. TUI und Thomas Cook verloren weiter an Umsätzen, die REWE konnte sich als Nummer Zwei auf dem deutschen Markt behaupten. Am meisten profitierten aber die Mittelständler von den Umsatzzuwächsen. FTI - als Branchenfünfter - meldet ein zweistelliges Umsatzplus. Und auch AIDA - trotz Spezialisierung auf Kreuzfahrten mittlerweile an sechster Stelle im Veranstalterranking - geht von Umsätzen aus, die zehn bis fünfzehn Prozent über dem Vorjahr liegen. Einzig Alltours als Vierter musste Einbußen von gut fünf Prozent hinnehmen, allerdings bei insgesamt höheren Gästezahlen. Trotzdem ging die Krise nicht spurlos an so manchem Veranstalter vorüber. Delphin Kreuzfahrten musste im Herbst Insolvenz anmelden, ebenso wie das Schwesterunternehmen Hansa. Und der Ostblock-Spezialist Olympia hat angekündigt, seine Tätigkeit zum Ende des Jahres einzustellen. (1), (2), (3), (4), [Abb. 2]

Am spürbarsten war der Aufschwung bei den Flughäfen und Fluggesellschaften trotz des Fiaskos mit der Aschewolke aus Island im April. Die Passagierzahlen stiegen von Monat zu Monat und erreichten im September Rekordhöhen, die teilweise über die Zahlen vor der Krise reichten. So zählte man in München erstmals im dritten Quartal 2010 mehr als 10 Millionen Fluggäste - eine Marke, die bisher noch nie erreicht worden war. Und auch in Frankfurt waren 5,1 Millionen Passagiere im September neuer Rekord. Die Lufthansa meldete gegenüber dem Vorjahres-September ebenfalls einen Zuwachs von acht Prozent und für die ersten drei Quartale 2010 mit 44 Millionen Fluggästen immer noch eine Steigerung von fünf Prozent. Getrieben wurden die guten Zahlen vor allem von Geschäftsreisenden, die auch wieder mehr Premium-Tickets nachfragten. Trotzdem geht auch hier der Kampf ums Überleben vor allem der kleineren Gesellschaften weiter. Die Charter-Fluggesellschaft Hamburg International musste beispielsweise Mitte Oktober Konkurs anmelden. (5)

Das Gastgewerbe spürte die positive Entwicklung in der ersten Hälfte des Jahres 2010 mit um drei Prozent höheren Übernachtungszahlen im Vergleich zum Vorjahr. Interessanterweise waren die Zuwächse anders als im Vorjahr zum Großteil den ausländischen Gästen geschuldet (plus 11,4 Prozent), während die innerdeutschen Zahlen nur um zwei Prozent anstiegen. (6)

Incoming und Gastgewerbe

Die anziehende Wirtschaft zeigte sich vor allem durch die höhere Anzahl an Geschäftsreisenden. So erreichten die Übernachtungszahlen in Deutschland im ersten Halbjahr 2010 mit 166,8 Millionen ein Plus von drei Prozent. Bemerkenswert ist die Zunahme von ausländischen Gästen um rund neun Prozent, die damit die Rückgänge des Vorjahres mehr als wett machen konnten. Die Nächtigungen von Gästen aus dem Inland blieben dagegen mit einer Steigerung von nur zwei Prozent auf 141,2 Millionen unter den Erwartungen. Besonders beliebt waren die deutschen Großstädte - Frankfurt, Düsseldorf, Berlin, Hamburg und München profitierten am meisten von der Gästezunahme. Auch im Juli und August setzte sich der positive Trend weiter fort. Allerdings konnten trotz anziehender Nachfrage nicht überall die dringend notwendigen Preiserhöhungen durchgesetzt werden. Nur München und Berlin waren hier erfolgreich, in den anderen Städten gaben die Preise im Vergleich zum Vorjahreszeitraum sogar noch einmal nach. Andere europäische und internationale Reiseziele konnten sich dagegen über teils deutliche Preissteigerungen freuen. (6), (7), (8), (

www.destatis.de)

Während die Umsatzzahlen der Gastronomie weiter abnahmen (nur Pachtkantinen und Caterer steigerten ihre Umsätze), profitierte das Beherbergungsgewerbe von der zum Jahresanfang in Kraft getretenen Mehrwertsteuersenkung auf sieben Prozent. Vor allem in den Hotels der Mittelklasse aber auch im Luxussegment war die Auslastung signifikant besser als im Vorjahr. Allerdings ist feststellbar, dass viele Unternehmen weiterhin auf der Kostenbremse stehen und von ihren Mitarbeitern erwarten, weiter in Hotels des unteren bis mittleren Sternebereichs zu nächtigen. (6), (7), (9), (www.dehoga-bundesverband.de)

Aufgeschreckt wurde das Beherbergungsgewerbe im Laufe des Jahres durch die lauter werdenden Überlegungen vieler Städte und Gemeinden, die Steuerverluste durch den niedrigeren Mehrwertsteuersatz (insgesamt immerhin 2,8 Milliarden Euro) durch die Einführung sogenannter Bettensteuern wieder aufzufangen. Mit dieser offiziell "Kulturförderabgabe" genannten Steuer will man vor allem touristische Serviceangebote und kulturelle Veranstaltungen fördern. Manche Gemeinden beabsichtigen aber auch schlicht, ihre Haushaltslöcher zu stopfen. In Weimar gibt es die Abgabe bereits seit dem Jahr 2005. Rund 900 000 Euro werden damit jährlich eingenommen. In Köln wurde die Bettensteuer zum 1. Oktober 2010 beschlossen - sie soll 21 Millionen Euro im Jahr einbringen. Auch München, Hamburg und Berlin wollen die Abgabe demnächst erheben. Hier sind aber noch keine Einzelheiten beschlossen. (10)

Der Mitarbeiterstamm des Gastgewerbes blieb mit rund 1,1 Millionen Beschäftigten in etwa gleich zum Vorjahr. Beunruhigend ist allerdings die weiter zurück gehende Zahl von Ausbildungsverhältnissen von über 103 000 in 2009 auf nur noch 96 000 im laufenden Jahr. Offensichtlich können mangels qualifizierter Bewerber viele Lehrstellen nicht besetzt werden. Vor allem in den tourismusintensiven Regionen ist dadurch schon bald ein alarmierender Fachkräftemangel zu befürchten. (11), (www.dehoga-bundesverband.de)

Wie die Deutschen reisen

Urlaubsreisen

Die Reiseverkehrsbilanz hat für 2009 sowohl niedrigere Ausgaben als auch Einnahmen gezeigt. Der momentane Trend weist darauf hin, dass beide Zahlen im Reisejahr 2010 wieder ansteigen werden. Und auch für 2011 deutet im Moment alles auf positive Werte hin. [Abb. 1]

2009 ließen es sich trotz Wirtschaftskrise rund drei Viertel aller Deutschen nicht nehmen, eine Urlaubsreise von mindestens fünf Tagen Dauer zu unternehmen. Da sich die Rahmenbedingungen für das Jahr 2010 deutlich verbessert haben, könnte dieser Wert im laufenden Jahr noch einmal übertroffen werden. Allerdings sind vor allem die Ziele wieder sehr gefragt, die durch eigene Anreise (Auto und Bahn) erreicht werden können. Insgesamt dürfte dies in niedrigeren Urlaubsausgaben, vor allem beiden Familien, resultieren. Andererseits haben sich aber auch die Fernreiseziele sowie Kreuzfahrten als äußerst bliebt herauskristallisiert. Bei den Flugreisezielen legten vor allem die Türkei und Ägypten zu, aber auch Griechenland, das nach der Krise im Frühjahr das Ausbleiben der Touristen mit niedrigen Hotelpreisen beantwortete, war gut gebucht. Spanien - vor allem Mallorca und die Kanaren - konnte durch niedrige Last-Minute-Preise für eine schließlich gerade noch zufrieden stellende Auslastung sorgen. (1)

Die Kreuzfahrten boomen weiter und steigerten auch in 2010 ihre Einnahmen (plus 7,4 Prozent). Weltweit belaufen sich die Umsätze bereits auf über 20 Milliarden Euro. Allerdings mussten einigen Reedereien ihre Preise kräftig senken, um die

Auslastung auf einem erträglichen Stand zu halten. Immer neue, größere Schiffe überschwemmen den Markt und wollen gefüllt werden. Man kann sich deshalb des Eindrucks nicht erwehren, dass die Sättigungsgrenze in Sicht ist. Kleinere Kreuzfahrt-Anbieter tun sich bereits schwer - die Delphin Kreuzfahrten Gesellschaft musste offiziell wegen Vertragsstreitigkeiten im Oktober Konkurs anmelden, die damit verschwisterte Hansa Kreuzfahrten wurde von der Insolvenz mitgezogen. (15)

Selbst buchen ist in. Von den über 60 Milliarden Euro Reiseausgaben der Deutschen werden nur 20 Milliarden Euro über den Veranstaltermarkt abgewickelt. Auch 2010 beabsichtigten fast 62 Prozent der Kunden ihre Urlaubsreise individuell zu organisieren. Vor allem die innerdeutschen Reisen laufen nur zu sechs Prozent über einen Veranstalter, innerhalb Europas sind es zumindest 36 Prozent. Bei Fernreisen verlassen sich dagegen 47 Prozent auf die Pauschalreise. Allerdings steigt die Nachfrage nach individuellen Reiseleistungen generell an. So ist auch der kontinuierliche Umsatzzuwachs bei den Anbietern von Reisebausteinen zu erklären. (4), (12)

Auch der Anteil von Onlinebuchungen steigt immer noch. Die reine Übernachtungsleistung oder auch der Flug oder die Zugfahrt werden besonders gerne selbst über das Internet gebucht. Basis ist dabei häufig das

Web 2.0, Bewertungsportale aber auch Empfehlungen über Netzwerke sind immer öfter ausschlaggebend für eine Reisebuchung. Beliebter wird auch die Buchung über das Callcenter des Discounters. Die ältere Generation vertraut gerne auf Tchibo, Aldi oder Lidl, wenn sie im Inland oder innerhalb Europas verreisen will. So haben die Discounterreisen bereits einen Marktanteil von rund fünf Prozent erreicht. Allerdings lehnen fünfzig Prozent der Verbraucher die Discounterreise kategorisch ab. (13)

Das Reisebüro ist deshalb noch lange kein Auslaufmodell. Allerdings gehen die Kunden vorwiegend nur noch dann zu den Reiseexperten, wenn eine ausführliche Beratung und Fachwissen gefragt sind. Dies verlangt nach gut ausgebildeten Fachkräften, die auch vor komplexen Reisewünschen und anspruchsvoller, gut informierter Kundschaft nicht zurückschrecken.

Geschäftsreisen

Im Jahr 2009 war die Zahl der Geschäftsreisen um rund elf Prozent auf nur noch 145 Millionen zurückgegangen. Dadurch verringerten sich auch die Ausgaben um fast zwölf Prozent. Die Gesamtkosten von 41,1 Milliarden Euro verteilten sich aber in ähnlichem Verhältnis auf die Kostenarten wie in den Vorjahren. Die Bahn konnte allerdings geringfügig gegenüber den Flugausgaben zulegen. Die Premiumklassen in den Flugzeugen blieben zum Großteil leer - nur noch ein geringer Teil der Geschäftsreisenden hatte die Erlaubnis, Business oder First Class zu fliegen. (7), (14), (16), [Abb. 3]

Für das laufende Jahr zeigen alle Indikatoren nach oben. So melden die auf Geschäftsreisen spezialisierten Reisebüros Umsatzsteigerungen zwischen 15 und 20 Prozent zum Vorjahr. Trotzdem sind aus der Krise zwei Tatsachen geblieben: es wird allgemein weniger gereist - Video- und Telefonkonferenzen ersetzen oft die persönliche Anwesenheit - und "Downsizing" ist in. Wird die Reise als notwendig erachtet, so übernachtet man meist in günstigen Hotels, bucht Flüge in der Economy-Klasse und einen Kleinwagen für die Wege dazwischen. Auf der Langstrecke erholt sich aber sogar das Premiumsegment langsam.(16)

Veranstaltermarkt/Reisebüros

Obwohl die Reiseausgaben der Deutschen von Jahr zu Jahr steigen (sieht man vom Krisenjahr 2009 einmal ab), gelingt es den Veranstaltern nicht, einen größer werdenden Anteil abzuschöpfen. Bei circa 20 bis 21 Milliarden Euro Umsatz hat sich der Veranstaltermarkt in den letzten Jahren eingependelt.

Offensichtlich fehlt es den Veranstaltern an Ideen und Innovationen, mit denen die Reisewilligen von der Direktbuchung beim Hotelier oder der Fluggesellschaft abgehalten werden. Zwar haben in den vergangenen Jahren alle großen Veranstalter eigene Programme für Luxusreisende entwickelt, die Familien, die auf den Preis schauen müssen, wurden dabei aber eher vernachlässigt. Denn "alles inklusive" ist zwar nach wie vor die beliebteste Urlaubsform der Familien, summiert sich aber im 4- bis 5-Sterne-Hotel ganz schnell auf mehrere Tausend Euro. Und die günstigeren 3-Sterne-Häuser fliegen zumindest bei den großen Veranstaltern immer öfter aus dem Programm. Dafür ist es "in" geworden, eigene dynamische Veranstalter zu schaffen, mit deren Hilfe verfügbare Hotelkapazitäten mit freien Flugsitzen kombiniert werden. Für die Kunden sind diese Pauschalreisen häufig die einzige Möglichkeit, Last-Minute noch irgendwohin in die Sonne zu fliegen. Für Reisebüros sind sie aber ein Ärgernis, da keine Reservierung möglich ist und die Stornokonditionen sehr kundenunfreundlich sind. (17), (19)

Die **TUI Travel** - nach wie vor Marktführer in Deutschland - büßte zwar 2009 und 2010 weitere Marktanteile ein, erwirtschaftete aber mit einer Umsatzrendite von 3,6 Prozent und einem Umsatz von 4,2 Milliarden Euro ein passables Ergebnis. Schon früh hatte man Kapazitäten aus dem Markt genommen um Preisschlachten im Last-Minute-Geschäft aus dem Weg zu gehen. Einen weiteren Gewinnschub erwartet man von der Entflechtung mit dem Container-Schiffsverkehr, ein Geschäftsbereich, der möglichst umgehend verkauft werden soll. (18), [Abb. 2]

Die **Thomas-Cook-Gruppe** setzte ebenfalls auf flexible Kapazitäten und erzielte auf diese Art und Weise sogar eine Rendite von 4,5 Prozent (Umsatz: 2,6 Milliarden Euro). Allerdings musste Thomas Cook seine zweite Position auf dem deutschen Markt an die Reiseveranstalter der **REWE-Gruppe** abgeben (2,9 Milliarden Euro Umsatz, vier Prozent mehr als im Vorjahr). Vor allem die Baustein-Veranstalter der REWE (Dertour und Meiers Weltreisen) scheinen mit immer neuen Reisezielen und auch ausgefallenen Angeboten den Geschmack der Kunden zu treffen. Mit Durchführungsgarantien und einer Mindestteilnehmerzahl von nur zwei Personen für Rundreisen kommt man dem Gästewunsch nach individuellen Reiseabläufen entgegen. Die REWE-Pauschal-Veranstalter ITS, Jahn und Tjaereborg dagegen haben eine Qualitätsoffensive der unternehmenseigenen Hotels gestartet und möchten dadurch ihre Marktposition stärken. (4), (18), [Abb. 2]

Da Thomas Cook und TUI im Baustein- und Spezialistengeschäft häufig noch die Expertise fehlt, versucht man über Zukäufe zu wachsen. So kaufte Thomas Cook den Veranstalterteil des Türkei-Spezialisten Öger Tours im September 2010. Im Gegenzug hat sich die TUI am Fernreisespezialisten Boomerang Reisen mit 49 Prozent der Anteile beteiligt. FTI dagegen erweitert für das Reisejahr 2011 vor allem die Angebote in Zielgebieten mit Selbstanreise, aber auch im Fernreisesegment (speziell Thailand). Aber nicht allen Spezialisten geht es wirtschaftlich gut - kürzlich hat der etablierte Ostblock-Spezialist Olympia-Reisen bekannt gegeben, dass er zum Jahresende 2010 alle Geschäfte einstellen wird.

In den Reisebüros ist man nach wie vor schlecht auf die Großkonzerne zu sprechen. Zwar wurden die Provisionsmodelle sowohl bei TUI als auch bei Thomas Cook für das Geschäftsjahr 2010/2011 merklich verbessert, großes Ärgernis sind aber nach wie vor die Disagio-Kosten für Kreditkartenzahlungen, die von den beiden Konzernen einfach an die Reisebüros weiterbelastet werden. Kein Wunder, dass man die REWE-Veranstalter bevorzugt - die haben kürzlich bekannt gegeben, alle Disagiokosten künftig selbst zu tragen. (19)

Hoffnungsfroh stimmt die Reisebüros die Buchungslage. Rund sechs Prozent mehr Umsatz konnten sie im Sommer 2010 gegenüber dem Vorjahr generieren. Und auch die Winterbuchungen liegen satt im Plus. Man hofft, dass 2011 wieder an die Umsätze des Jahres 2008 aufgeschlossen werden kann. (20)

Der Luftverkehr

Die Fluglinien waren die ersten, die die Wirtschaftskrise zu spüren bekamen. Aber nun sind sie auch die ersten, die von der Erholung profitieren. Schon seit Anfang des Jahres steigen die Passagierzahlen kontinuierlich an, was nur durch die Flugverbote im April durch die Aschewolke des Ejafjällajoküll nur kurz unterbrochen wurde. Die IATA geht mittlerweile davon aus, dass die Fluggesellschaften 2010 weltweit einen Gewinn von 6,8 Milliarden Euro erwirtschaften werden - allerdings nicht in Europa. Hier erwartet man Verluste in Höhe von einer Milliarde Euro. In Deutschland aber wurden kürzlich auf den großen Hubs in Frankfurt und München sogar Rekordzahlen erreicht, die die Vorkrisen-Zahlen übertreffen. Mehr als zehn Millionen Passagiere im 3. Quartal in München und 5,1 Millionen Fluggäste im September in Frankfurt ließen die Flughafenbetreiber aufatmen. Allerdings geht es nicht allen Fluglinien gut - Ende Oktober wurde der deutschen Charterfluggesellschaft

Hamburg International aus finanziellen Gründen die Betriebserlaubnis entzogen - faktisch heißt das Insolvenz für die Gesellschaft.(5)

Die **Lufthansa** scheint mit ihrer Zukaufsstrategie auf dem richtigen Weg zu sein. Im ersten dreiviertel Jahr 2010 konnte sie die Anzahl der Passagiere auf 44 Millionen steigern (plus fünf Prozent). Nach neun Monaten berichtet die Lufthansa von Umsätzen in Höhe von 20,2 Milliarden Euro - ein Plus von fast 25 Prozent zum Vorjahr. Auch das Nettoergebnis wurde verbessert: für die ersten drei Quartale kommt die LH nun auf 524 Millionen Euro - für das Geschäftsjahr 2010 hob die Gesellschaft deshalb die Prognose auf 800 Millionen Euro an. Auch bei den LH-Töchtern Swiss und Austrian geht es gut aufwärts, nur British Midland macht mit weiteren Passagierrückgängen weiter Sorgen. Die Billigflug-Tochter Germanwings soll künftig enger in das Lufthansa-Netz eingebunden werden und auch als Zubringer für interkontinentale Strecken genutzt werden. (5), (28)

Deutschlands zweitgrößte Airline **Air Berlin** meldet für das dritte Quartal ebenfalls einen deutlichen Anstieg der Passagierzahlen. In den ersten neun Monaten zählte Air Berlin mit über 25 Millionen Passagieren rund 2,9 Prozent mehr als im Vorjahreszeitraum. Finanziell dürfte es aber nicht ganz so gut aussehen - für die ersten beiden Quartale musste die Fluggesellschaft 127 Millionen Euro Verluste zugeben. Die Zahlen für das dritte Quartal liegen noch nicht vor. Nun fährt Firmenchef Hunold einen neuen Kurs - durch die Mitgliedschaft in der Oneworld-Allianz von British und American Airlines, Iberia und Co. erwartet man sich mehr Passagiere aus dem Geschäftsreisesektor, da man hierdurch wesentlich mehr internationale Ziele bedienen kann. Andererseits schafft die Allianz mit Air Berlin einen besseren Zugang zum deutschen Markt für die Oneworld-Airlines.(21)

International setzt man weiter auf Fusionen und Kooperationen zur Kostensenkung. Der Zusammenschluss von **British Airways** mit **Iberia** ist von den Behörden abgesegnet und auf dem besten Weg. Ebenso die Fusion von **United** und **Continental**, die gemeinsam mit einem Passagieraufkommen von 144 Millionen künftig die größte Fluggesellschaft der Welt sein werden. Die Skyteam-Allianz um **Air France/KLM** vergrößert sich hauptsächlich auf dem interessanten asiatischen Raum. So werden künftig China Air, China Eastern Airlines und China Southern Airlines dem Bündnis angehören.

Die Billigfluggesellschaften um **Ryanair** und **Easyjet** stoßen langsam an ihre Wachstumsgrenzen. Bei Flugpreisen, die unter den Taxikosten zum Flughafen liegen, wundert man sich schon lange, wo die satten Gewinne immer noch herkommen. Wie eine Untersuchung von IdeaWorks und Amadeus feststellten, generieren die Fluglinien weltweit bereits fünf Prozent ihres Umsatz mit Zusatzleistungen, insgesamt 22,6 Milliarden US-Dollar (18,4 Mrd. Euro). Vor allem Billigfluggesellschaften erzielen erstaunliche Ergebnisse durch Aufschläge für Gepäckbeförderung, Sitzplatzreservierungen, Mahlzeiten und sonstigen Gebühren. Hier liegt der Anteil am Gesamtumsatz häufig bei fast 20 Prozent. Diese Praxis ist bei vielen Fluggästen alles andere als beliebt - in den USA laufen bereits Protestaktionen bei Politikern und Verbraucherschützern. (22)

Tourismus in Europa und der Welt

Das Reisejahr 2009 war international gesehen ein schlimmes Jahr. Um über vier Prozent brachen die internationalen Einkünfte ein auf nur noch 880 Millionen. Die Auslastung der Hotels verschlechterte sich je nach Region um 13 bis 20 Prozent. Allerdings erwartet die UNWTO (Welttourismusorganisation der Vereinten Nationen) für 2010 wieder ein Ansteigen der Reisetätigkeit um bis zu vier Prozent. Auch die Einkünfte aus dem internationalen Tourismus sollen wieder um bis zu zwei Prozent steigen. Möglicherweise sogar mehr. Denn schon in den ersten sechs Monaten des Jahres 2010 stiegen die Ankünfte um sieben Prozent auf 421 Millionen - und das trotz Aschewolke im April. (23)

Allerdings kommt Europa wesentlich langsamer in die Gänge zurück als andere Weltregionen. So stiegen die Ankünfte im Mittleren Osten um zwanzig Prozent, in der Region Asien-Pazifik zählte man um 14 Prozent mehr Ankünfte. Hier konnten auch die Erlöse pro verfügbarem Hotelzimmer (RevPar) um fast 25 Prozent gesteigert werden. Europa blieb dagegen mit einem Wachstum von nur zwei Prozent unter den Erwartungen. Die Einnahmen aber nahmen in allen Regionen langsamer zu als die Ankünfte - nach wie vor bleiben die meisten Reisenden in ihrer eigenen Region, nutzen günstige Angebote und verkürzen ihren Aufenthalt. Trotzdem ist der Ausblick positiv - mindestens vier Prozent mehr Ankünfte als in 2009 prognostiziert die UNWTO für 2010. Ob die Ausgaben, die 2009 noch bei 611 Milliarden Euro lagen, ebenfalls um vier Prozent übertroffen werden können, bleibt also abzuwarten. (24), (www.unwto.org)

In Europa leiden vor allem der britische und der russische Markt weiter unter der Krise. TUI und Thomas Cook, die beide auf dem britischen Markt sehr aktiv sind, leiden besonders unter den Einbrüchen. Thomas Cook hat kürzlich bekannt gegeben, dass sie über 34 Millionen Euro in den Aufbau von weiteren Reisebüros investieren werden. Hierfür werden die rund 400 Reisebüros der Genossenschaft “The Cooperative” mit den eigenen 800 Filialen zusammengelegt, um den Verkauf eigener Reisen zu stärken. Auch die TUI will die Zahl der eigenen Reisebüros in Großbritannien auf 800 fast verdoppeln. Zum Vergleich: in Deutschland gibt es gut 10 000 Reisebüros, die meist mit mehreren Veranstaltern zusammenarbeiten. (25)

Trends

Wie wird das Reisejahr 2011? Sicher kein “Zuckerschlecken”. Durch die ab dem 1. Januar 2011 für alle Flugreisen fällige Luftverkehrsabgabe von acht Euro für Kurzstreckenflüge, 25 Euro für die Mittelstrecke und 45 Euro für die Langstrecken werden Flüge und Pauschalreisen gleichermaßen teurer. Die Fluggesellschaften berechnen die Flugsteuer schon seit September. Und die Veranstalter sind sich ebenfalls einig, dass die Ticketsteuer zu höheren Preisen für die Saison 2010/2011 führen wird. Billigflug-Champ Ryanair hat Ende Oktober die Einstellung von rund einem Drittel seiner Strecken ab Frankfurt-Hahn bekannt gegeben und begründet dies mit der Abgabe. Eine Begründung, die in Fachkreisen allerdings bezweifelt wird - eher geht man davon aus, dass die Strecken sowieso gestrichen worden wären, weil sie nicht profitabel genug waren. (29)Innerdeutsche Städtereisen werden sich durch Kulturförderabgaben verteuern. Trotzdem liegt die Nachfrage nach Pauschalreisen für die Wintermonate bereits rund 15 Prozent über dem Vorjahreswert. Und auch die Buchungen für die Sommersaison 2011, die gerade erst frei gegeben wurden, sind überraschend hoch. Wenn nun auch noch die Geschäftsreisen auf dem momentan hohen Stand weiterlaufen, kann das Reisejahr 2011 zur Erfolgsstory werden. Die ältere Generation hat daran großen Anteil. Schon dreißig Prozent der Kaufkraft liegt in den Händen von Menschen über sechzig. Und diese Gästegruppe ist alles andere als heterogen. Die vielfältigsten Urlaubswünsche wollen hier befriedigt werden - vom Ferienhaus auf Rügen bis hin zur Weltreise auf der MS Deutschland. Denn das Geld ist vorhanden und auch über Reisererfahrung verfügen die “Best Ager” im Überfluss. Positiv auf den Markt wirkt sich außerdem aus, dass die über Sechzigjährigen nicht mehr um ihren Arbeitsplatz bangen müssen, weil sie meist eh schon im Ruhestand sind. Und mit der regelmäßigen Rentenzahlung lässt sich gut planen. Gleich ist den älteren Reisenden aber eines: sie erwarten Qualität, auch wenn die Reise dadurch etwas mehr kostet. Und eine fachkundige Beratung, die auf die individuellen Vorstellungen eingeht, gehört für sie ebenfalls dazu. Die Best Ager könnten für die Reisebüros zur Überlebenschance werden - sofern auf deren Bedürfnisse mit Fachkunde und zusätzlichen Services eingegangen wird. (26)Für die Fluggesellschaften hat sich der Airbus A380 zum Zugpferd entwickelt - die Strecken, die vom momentan größten Flugzeug der Welt bedient werden, sind mehr als gut gebucht. So sollen bei der Lufthansa zu den momentan drei Großflugzeugen (über 500 Sitze) sukzessive zwölf weitere hinzukommen. Nicht viel, wenn man bedenkt, dass Singapore Airlines bereits 31 Maschinen dieses Typs besitzt und Emirates 90 A380 Flugzeuge bestellt hat. (27)

Zahlen & Fakten

Abbildung 1: Reiseverkehrsbilanz 2003 - 2010

Jahr	Ausgaben	Einnahmen
	in Milliarden Euro	
2010**	60,6	25,2
2009*	59,9	24,6
2008	61,2	27,1
2007	60,6	26,3
2006	60,5	26,0
2005	58,2	23,3
2004	57,1	22,2
2003	57,2	20,4

* vorläufige Hochrechnung **Commerzbank-Prognose Zeitraum: 2003 bis 2010 Quelle: Deutsche Bundesbank, Commerzbank Research Entnommen aus: Werben und Verkaufen, Ausgabe 11/2010, S. 14 sowie Reisestudie 2010 - CMT Stuttgart

Abbildung 2: Top 7 Reiseveranstalter in Deutschland nach Umsatz 2008 - 2009*

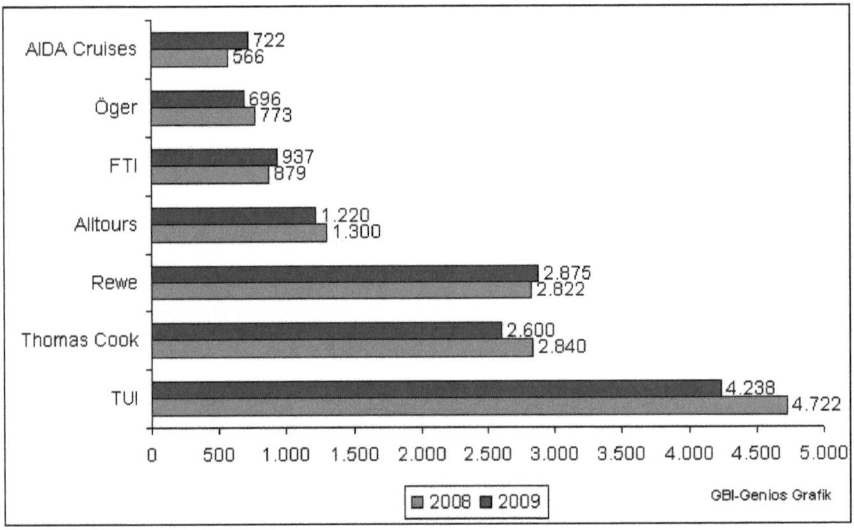

Umsatz in Millionen Euro *Tourismusjahr 2009 endet am 31.10.2009 Quelle: FVW Entnommen aus: Werben und Verkaufen, 11/2010, S. 14

Abbildung 3: Gesamtkosten für Geschäftsreisen nach Kostenbereich 2009

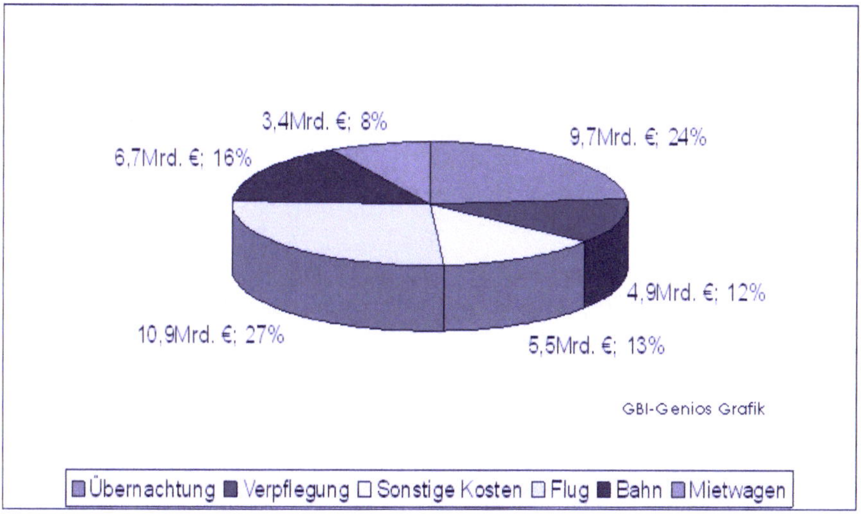

Gesamtkosten für Geschäftsreisen 2009: 41,1 Milliarden Euro Gesamtkosten für Geschäftsreisen 2008: 46,6 Milliarden Euro Quelle: VDR Geschäftsreiseanalyse 2010

Weiterführende Literatur

(1) FERTIG machEn zum sTaRT
aus fvw Nr. 18 vom 27.08.2010 Seite 014

(2) Wie viel geht da noch?
aus fvw Nr. 16/17 vom 13.08.2010 Seite 020

(3) Alltours erhöht wegen Flugsteuer die Preise
aus Financial Times Deutschland vom 20.10.2010, Seite 6

(4) Gute Geschäfte
aus fvw Nr. 15 vom 29.07.2010 Seite 028

(5) Neue Spitzenwerte im Flugverkehr
aus Frankfurter Allgemeine Zeitung, 13.10.2010, Nr. 238, S. 13

(6) Übernachtungszahlen steigen bundesweit um elf Prozent / Sachsen verzeichnet stärksten Zuwachs
aus LVZ/Leipziger-Volkszeitung, 28.09.2010, S. 1

(7) Der Controller fährt mit
aus Der Handel Nr. 07-08 vom 07.07.2010 Seite 026

(8) Wo bleibt der Preis?
aus fvw Nr. 18 vom 27.08.2010 Seite 051

(9) Kettenhotellerie auf dem Weg nach oben
aus Allgemeine Hotel- und Gastronomie-Zeitung Nr. 41 vom 09.10.2010 Seite 010

(10) Widerstand gegen Berliner Bettensteuer
aus DIE WELT Berlin, 12.10.2010, Nr. 238, S. 30

(11) DIHK-Saisonumfrage - Erwartungen an die

Sommersaison 2010 - Bilanz der Wintersaison 2009/2010
aus DIE WELT Berlin, 12.10.2010, Nr. 238, S. 30

(12) Der Gast sucht selbst
aus Allgemeine Hotel- und Gastronomie-Zeitung Nr. 23 vom 05.06.2010 Seite 010

(13) Mit dem Discounter auf Reisen
aus Lebensmittel Zeitung 28 vom 16.07.2010 Seite 036

(14) Die VDR Geschäftsreiseanalyse 2010 - die Talsohle ist durchschritten
aus Lebensmittel Zeitung 28 vom 16.07.2010 Seite 036

(15) Kreuzfahrt-Riesen durchbrechen 20 Mrd.-Grenze
aus "T.A.I." Nr. 2021/10 vom 24.09.2010 Seite: 7

(16) Ran an den Gast
aus Allgemeine Hotel- und Gastronomie-Zeitung Nr. 23 vom 05.06.2010 Seite 009

(17) Transparenz in einem komplexen Markt
aus Absatzwirtschaft Nr. 08 vom 26.07.2010 Seite 036

(18) Tourismus SCHÖNE FERIEN
aus Focus Money, 21.07.2010; Ausgabe: 30; Seite: 8-10

(19) Schmerzhafte Geschäfte
aus fvw Nr. 21 vom 08.10.2010 Seite 034

(20) Die Buchungsmaschine schnurrt
aus fvw Nr. 20 vom 23.09.2010 Seite 069

(21) AB vor Aufstieg zum Global Player

aus “T.A.I.” Nr. 2012-13/10 vom 30.07.2010 Seite: 6

(22) Airline ancillary revenues predicted by Amadeus to rise to USD22.6bn.
aus M2 Best Books, United Kingdom (M2BOOK) (2010) page NA

(23) Thomas Cook: Wenn zu viel für eine Aktie spricht
aus WirtschaftsBlatt, 21.07.2010, S. 13

(24) Europa hängt welttouristisch in den Seilen
aus “T.A.I.” Nr. 2023/10 vom 08.10.2010 Seite: 7

(25) Reisebüros trotzen dem Onlineboom Thomas Cook steigt dank Fusion zur größten Kette in Großbritannien auf // TUI kauft in Deutschland zu
aus Financial Times Deutschland vom 11.10.2010, Seite 6

(26) MOBILITÄT. Wie die Bedürfnisse der Älteren das Reisen verändern // Endlich Zeit für die Welt // Ältere Menschen fahren gern weg. Aber sie sind anspruchsvoll. Reiseveranstalter sind gefordert - und brauchen neue Konzepte
aus Der Tagesspiegel Nr. 20735 VOM 12.09.2010 SEITE B07

(27) A380 erobert die Flughäfen der Welt
aus Handelsblatt Nr. 191 vom 04.10.2010 Seite 26

(28) Lufthansa verdient wieder prächtig und zeigt neue Zuversicht
aus Handelsblatt Nr. 209 vom 28.10.2010 Seite 20

(29) Ryanair spart sich Flüge
aus Süddeutsche Zeitung, 28.10.2010, Ausgabe München, Bayern, Deutschland, S. 25

Impressum

Branchenreport TOURISMUS Ausgabe 2/2010

Bibliografische Information der deutschen Nationalbibliothek

Die Deutsche Nationalbibliothek verzeichnet diese Publikation in der deutschen Nationalbibliografie; detaillierte bibliografische Daten sind im Internet über http://dnb.d-nb.de abrufbar.

ISBN: 978-3-7379-1937-1

oder ähnliche Einrichtungen und die Einspeicherung und Verarbeitung in elektronischen Systemen.